DAS ULTIMATIVE
Pinguin
Buch für Kids

100+ Pinguin-Fakten, Fotos, Quiz und Mehr

BELLANOVA

MELBOURNE · SOFIA · BERLIN

Copyright © 2023 by Jenny Kellett

Pinguine: Das Ultimative Pinguinbuch für Kids
www.bellanovabooks.com

ISBN: 978-619-264-096-5
Imprint: Bellanova Books

Alle Rechte vorbehalten. Kein Teil dieses Buches darf ohne schriftliche Genehmigung des Autors in irgendeiner Form elektronisch oder mechanisch vervielfältigt werden, auch nicht durch Fotokopieren, Aufzeichnungen oder Speichern und Abrufen von Informationen.

INHALT

Einleitung	**6**
Pinguin Fakten	**8**
Pinguin-Quiz	**60**
Antworten	**66**
Wortsuche Rätsel	**66**
Lösung	**68**
Quellen	**69**

EINLEITUNG

Es ist schwer, Pinguine nicht zu lieben! Aber wie viel weißt du wirklich über deinen Lieblings-Vogel, der kaltes Wetter liebt?

In diesem Buch erfährst du über 100 erstaunliche neue Dinge über Pinguine. Von den großen Kaiserpinguinen bis zu den kälteliebenden Adeliepinguinen. Du wirst im Handumdrehen ein Pinguin-Experte sein.

Bist du bereit? *Los geht's!*

Ein Kaiserpinguin.

Pinguin FAKTEN

Pinguine sind **flugunfähige** Vögel. Sie können nur laufen und schwimmen.

...

Die meisten Pinguine leben in der südlichen Hemisphäre/Halbkugel - südlich des Äquators (eine gedachte Linie am breitesten Punkt der Erde entlang).

Königspinguine und eine antarktische Pelzrobbe.

Pinguine können Meerwasser trinken, obwohl es sehr salzig ist.

• • •

Pinguine leben nicht nur in kalten Regionen. Es gibt große Pinguinpopulationen in Ländern wie Australien, Neuseeland, Südafrika und Chile.

• • •

Am Nordpol leben keine Pinguine.

• • •

Der Galapagos-Pinguin ist die einzige Pinguinart, die von Natur aus auch nördlich des Äquators lebt.

Eine Gruppe Königspinguine.

Pinguine auf den Falkland Inseln.

Die meisten Pinguine sind nicht geschlechtsdimorph. Das bedeutet, dass die Männchen und die Weibchen gleich aussehen.

Es sieht so aus, als hätten Pinguine Flügel. Sie benutzen diese aber nur als Schwimmflossen.

• • •

Kaiserpinguine können bis zu 20 Minuten am Stück unter Wasser bleiben.

• • •

Pinguine verbringen die Hälfte ihres Lebens im Wasser und die andere Hälfte an Land.

Wenn Pinguine in der Antarkti an Land sind, besitzen sie keine Raubtiere. Ihre einzigen Raubtiere sind im Meer.

...

Da sie keine natürlichen Landraubtiere besitzen, haben Pinguine im Allgemeinen keine Angst vor Menschen.

...

Der Kaiserpinguin ist die größte Pinguinart. Sie können bis zu 120 cm groß werden. Der kleinste Pinguin ist der Zwergpinguin mit einer Größe von bis zu 40 cm.

Wilde Pinguine werden normalerweise zwischen 15-20 Jahre alt.

• • •

Pinguine haben ihre Fähigkeit zu fliegen vor Millionen von Jahren verloren. Jetzt sind sie die am schnellsten schwimmenden und am tiefsten tauchenden Vögel auf dem Planeten.

• • •

Ein '**Rookery**' nennt man einen 'Nistplatz', an dem sich Pinguine paaren, nisten und ihre Küken aufziehen.

Fossilien zeigen, dass die frühesten Pinguinarten vor über 60 Millionen Jahren gelebt haben. Das bedeutet, dass die Vorfahren der Pinguine, die wir heute sehen, das Aussterben der Dinosaurier überlebt haben.

・・・

Pinguine haben eine spezielle Drüse hinter ihren Augen - die Supraorbitaldrüse. Diese filtert Salzwasser aus ihrem Blutstrom heraus. Das Salz wird dann durch ihren Schnabel oder durch Niesen ausgeschieden.

Eselspinguine mit ihren Küken.

Kinnriemenpinguine werden wegen ihrer außergewöhnlich lauten Schreie 'Steinbrecherpinguine' genannt.

...

Gelbäugige Pinguine haben leuchtend gelbe Augen wie Katzen. Sie sind die drittgrößte Pinguinart der Welt.

...

Die Zwergpinguine sind die kleinste Pinguinart, sie sind im Durchschnitt etwa 33 cm groß.

Adelié-Pinguin

Zügelpinguine.

Ein Königspinguin.

Haubenpinguine haben sowohl gelbe Hauben als auch rote Augen und Schnäbel.

...

Wenn es in der Antarktis sehr kalt wird, kuscheln sich Kaiserpinguine oft zusammen, um warm zu bleiben.

...

Es gibt 17 Pinguinarten, von denen 13 vom Aussterben bedroht sind oder kurz davor stehen.

Pinguine gehen oft in großen Gruppen ins Meer. Wissenschaftler/innen glauben, dass dies ihrer Sicherheit dient.

• • •

Gelbaugenpinguine sind in Neuseeland heimisch. Sie sind vom Aussterben bedroht und es leben nur noch etwa 4000 in der Wildnis. Das macht sie zu den seltensten Pinguinen der Welt.

• • •

Die meisten Pinguinarten legen zwei Eier auf einmal. Kaiser- und Königspinguine bauen jedoch kein Nest und legen nur ein einziges Ei.

Afrikanische Pinguine.

Weißt du, warum Pinguine schwarz und weiß sind? Es hilft ihnen dabei, sich im Wasser zu tarnen. Das Schwarz auf ihrem Rücken ist von oben schwer zu sehen, während das Weiß auf der Vorderseite von unten gesehen aussieht wie die Sonne, die vom Wasser reflektiert wird.

...

Im Verhältnis zu ihrer Größe sind Pinguineier die kleinsten aller Vogelarten. Außerdem sind ihre Eierschalen viel dicker als die anderer Vögel. Die Schale ist wichtig, um sie in der rauen Umgebung zu schützen.

Kaiserpinguine.

Kaiserpinguin-Küken.

Pinguine sind nicht die einzigen flugunfähigen Vögel. Weitere sind Kiwis, Strauße, Kasuare und Emus.

• • •

Kinnriemenpinguine erhalten ihren Namen von der dünnen schwarzen Linie, die kreisförmig unter ihrem Kinn verläuft. Sie sind eine der aggressivsten Pinguinarten.

• • •

Baby-Pinguine werden **Küken** genannt.

Kaiserpinguine.

Kaiserpinguine.

Ungefähr einer von 50.000 Pinguinen wird mit einem braunen statt schwarzen Gefieder geboren. Diese werden Isabellpinguine genannt, und sie leben in der Regel kürzer als schwarze Pinguine, weil sie nicht in der Lage sind, sich so gut zu tarnen.

...

Hast du den Film "*Happy Feet*" gesehen? Die Hauptpinguine in dem Film sind Kaiserpinguine.

...

Eine Gruppe von Pinguinen im Wasser wird 'Floß' genannt. Eine Gruppe von Pinguinen an Land wird 'Kolonie' genannt.

Der Eselspinguin (oder auch Gentoo Pinguin) ist der schnellste schwimmende Unterwasservogel. Er kann Geschwindigkeiten von bis zu 36 km/h erreichen.

• • •

Pinguine gleiten oft mit ihrem Körper über Eis und Schnee. Das nennt man **Schlittenfahren**. Es wird geglaubt, dass sie dies sowohl aus Spaß machen, als auch um schneller an ihr Ziel zu kommen.

• • •

Pinguine können dreimal schneller schwimmen als sie an Land gehen können.

Kaiserpinguine und ein Küken.

Pinguine auf den Falkland Inseln.

Pinguine finden ihre gesamte Nahrung im Meer. Meistens fressen sie Fische und Tintenfische. Ein großer Pinguin kann bis zu 30 Fische in einem Tauchgang fangen.

...

Pinguine hecheln wie Hunde, wenn es ihnen zu heiß ist, um sich abzukühlen.

...

Pinguine haben keine Zähne. Stattdessen benutzen sie ihren Schnabel, um ihre Beute festzuhalten. Außerdem haben sie Stacheln auf ihrer Zunge, die ihnen zusätzlichen Halt geben.

Wenn Pinguine fressen, schlucken sie auch Kieselsteine und andere Steine. Wissenschaftler/innen glauben, dass dies ihnen helfen soll, ihre Nahrung zu verdauen. Eine andere Theorie ist, dass die Steine helfen, die Pinguine zu beschweren, damit sie tiefer tauchen können.

• • •

Königspinguine bilden Nistkolonien von bis zu 10.000 Pinguinen.

• • •

Kaiserpinguine brüten in der kältesten Umgebung aller Pinguinarten. Die Lufttemperatur kann bis zu -40°C kalt sein.

Felsenpinguine.

Pinguine schwimmen so schnell, dass sie durchs Wasser gleiten und Wellen durchschneiden können, genau wie Delfine. Diese besondere Technik, die sie benutzen, nennt man 'Tümmler'.

. . .

Kleine Pinguine neigen dazu, in gemäßigten Klimazonen wie Australien und Südamerika zu leben, während große Pinguine in den kühleren Klimazonen wie der Antarktis leben.

. . .

Einige prähistorische Pinguine konnten so groß und schwer wie Menschen werden!

Wenn Pinguinküken geboren werden, können sie nicht gleich schwimmen. Sie müssen darauf achten, nicht ins Wasser zu gehen. Am Anfang ihres Lebens sind sie darauf angewiesen, dass ihre Eltern ihnen Futter bringen und sie warm halten.

...

In der Antarktis leben nur zwei Pinguinarten - Kaiserpinguine und der Adeliepinguin.

...

Die Angst vor Pinguinen wird Sphenisciphobia genannt. Aber wir gehen davon aus, dass du die nicht hast!

Ein Makkaroni-Pinguin.

Makkaroni-Pinguine haben ihren Namen von den langen, orangen, gelben und schwarzen Federbüscheln über ihren Augen.

•••

Pinguine haben unter Wasser ein besseres Sehvermögen als an Land.

•••

Pinguine können nicht unter Wasser atmen. Sie können jedoch 10-20 Minuten unter Wasser tauchen, bevor sie zum Atmen nach oben kommen müssen.

Königspinguine, die zweitgrößte Pinguinart, watscheln nicht wie die meisten Pinguine - sie laufen recht schnell auf den Beinen.

• • •

Pinguine sind sehr gesellig. Sie machen die meisten Aktivitäten in Gruppen - an Land als auch im Wasser.

• • •

Die normale Körpertemperatur der meisten Pinguine liegt bei 38° C.

Eselspinguine kommen an Land.

Eselspinguine.

Pinguine verlieren ihre Federn oder mausern sich einmal im Jahr. Wenn sie ihre Federn verloren haben, sind sie nicht mehr '**wasserdicht**'. Deshalb müssen sie warten, bis ihre Federn nachwachsen, bevor sie wieder ins Wasser gehen können. Während dieser Zeit, die einige Wochen andauern kann, verlieren Pinguine bis zur Hälfte ihres Körpergewichts.

...

Pinguine verbringen mehrere Stunden am Tag damit, ihre Federn zu putzen. Das ist sehr wichtig, da sie dadurch wasserdicht bleiben.

Pinguine verteilen Öl, das aus einer Drüse in der Nähe ihrer Schwanzfedern kommt, auf ihre Federn, um sie zusätzlich wasserdicht zu machen.

• • •

Die größten Bedrohungen für Pinguine in der Wildnis sind Umweltverschmutzung, kommerzielle Fischerei, Ölverschmutzung und globale Erwärmung.

• • •

Jedes Jahr verzehrt die Weltpopulation der Adeliepinguine etwa 1,5 Millionen Tonnen Krill! Darüber hinaus fressen sie auch Tintenfisch und Fisch.

Königspinguine.

Königspinguine.

Der Galapagos Pinguin hat seit den 1970er Jahren über die Häfte seiner Art verloren. Wissenschaftler schätzen, dass eine Chance von 30% besteht, dass sie in diesem Jahrhundert aussterben, wenn sie nicht geschützt werden.

...

Es gibt zwei Tage im Jahr, an denen Pinguine gefeiert werden! Der 20. Januar ist der Tag des Pinguinbewusstseins, während der 25. April der Weltpinguintag ist. Wie wirst du ihn feiern?

Die meisten Pinguinarten sind monogam. Sie haben nicht immer den gleichen Partner während ihres ganzen Lebens, aber sie haben nur einen Partner während jeder Paarungszeit.

...

Die Überfischung der Ozeane durch den Menschen entzieht den Pinguinen ihre Nahrung und führt zu einem Rückgang vieler Arten.

...

Die meisten Pinguinarten sind ihrem Nistplatz treu. Oft kehren sie in den gleiche Nistplatz zurück, an dem sie geboren wurden, um ihre Eier zu legen.

Kleine Pinguine.

Kaiserpinguine brüten ihre Eier, indem sie sie auf ihren Füßen warm halten. Unter einer federlosen Hautfalte befinden sich viele Blutgefäße, die das Ei warm halten.

...

Beide Pinguineltern, männlich und weiblich, kümmern sich mehrere Monate lang um ihre Jungen, bis die Küken stark genug sind, um ihr eigenes Futter zu jagen.

...

Wenn das Küken eines weiblichen Kaiserpinguins stirbt, wird sie oft ein anderes Küken "entführen".

Die meisten Meeressäugetiere sind auf Speck angewiesen, um sich unter Wasser warmzuhalten. Pinguine hingegen überleben, weil ihre Federn eine Schicht warmer Luft neben ihrer Haut einschließt, die sie isoliert.

...

Pinguine haben Knie. Die oberen Teile ihrer Beine sind mit Federn bedeckt.

Ein Humboldt-Pinguin.

PINGUIN-QUIZ

**Hast du viel über Pinguine gelernt?! Dann teste dein Wissen im folgenden Quiz.
Die Antworten findest du auf der folgenden Seite 65.**

1. Welche ist die größte Pinguinart?

2. Welche Nahrung fressen Pinguine am meisten?

3. Wo leben Pinguine?

4. Zu welcher Tiergruppe gehören Pinguine?

5. Wie viele Pinguinarten gibt es?

6   Welche ist die kleinste Pinguinart?

7   Warum befinden sich die Nester der Pinguine über dem Meeresspiegel?

8   Wie bewegen sich Pinguine oft über das Eis?

9   Wie schwimmen Pinguine im Wasser?

10 Wie lange können Kaiserpinguine tauchen?

11 Wann fressen Pinguine?

12 Was macht die Brutgewohnheiten der Kaiserpinguine so einzigartig?

13 Wie brütet der Kaiserpinguin sein Ei in der Antarktis?

14 Können Pinguine unter Wasser atmen?

15 Pinguine haben Knie. Wahr oder falsch?

16 Wie nennt man eine Gruppe von Pinguinen im Wasser?

17 Wie werden Pinguinbabys genannt?

ANTWORTEN

1. Kaiserpinguine
2. Krill, Tintenfisch und Fisch
3. Nur in der südlichen Hemisphäre/Halbkugel
4. Vögel
5. 17
6. Zwergpinguin
7. Um sie vor Seehunden zu schützen
8. Sie gleiten auf ihren Bäuchen über das Eis
9. Sie schwimmen mit ihren Flügeln und benutzen ihre Füße als Ruder
10. Bis zu 20 Minuten
11. Nur wenn sie im Wasser sind
12. Das Männchen bebrütet das Ei die ganze Zeit
13. Auf seinen Füßen
14. Nein
15. Wahr.
16. Ein Floß
17. Küken

Pinguine
WORTSUCHE RÄTSEL

D	C	Z	Ü	B	F	D	S	S	Q	D	P
Q	A	Z	D	E	F	Ö	V	C	Ü	K	J
K	Q	N	N	R	E	P	D	H	R	Ö	U
Ü	W	X	T	F	D	S	E	N	C	N	B
K	Ö	V	E	A	E	V	Ü	A	W	I	D
E	N	G	H	G	R	S	B	B	V	G	S
N	R	Z	Ü	W	N	K	T	E	Ö	W	W
N	V	O	G	E	L	D	T	L	C	F	D
G	Z	S	E	G	F	K	A	I	S	E	R
E	B	G	Ö	E	F	D	U	N	S	G	B
P	I	N	G	U	I	N	E	R	E	E	R
E	C	S	B	N	R	Ü	Y	E	S	Ü	S

KANNST DU ALLE WÖRTER IM WORTSUCHE PUZZLE LINKS FINDEN?

KAISER	EIS	SCHNABEL
ANTARKTIS	KÖNIG	VOGEL
FEDERN	PINGUINE	KÜKEN

LÖSUNG

						S			
	A			F		C		K	
K	N		E			H		Ö	
Ü		T		D		N		N	
K			A	E		A		I	
E				R		B		G	
N				N	K	E			
	V	O	G	E	L		T		
					K	A	I	S	E	R
E							S		
P	I	N	G	U	I	N	E		
		S							

QUELLEN

Pinguine – Wikipedia (2022). Available at: https://de.wikipedia.org/wiki/Pinguine (Accessed: 29 October 2022).

Pinguine in Zeiten des Klimawandels (2022). Available at: https://www.umweltbundesamt.de/themen/pinguine-in-zeiten-des-klimawandels (Accessed: 29 October 2022).

penguin | Features, Habitat, & Facts (2022). Available at: https://www.britannica.com/animal/penguin (Accessed: 29 October 2022).

Penguins, facts and photos (2022). Available at: https://www.nationalgeographic.com/animals/birds/facts/penguins-1 (Accessed: 29 October 2022).

Penguin | Species | WWF (2022). Available at: https://www.worldwildlife.org/species/penguin (Accessed: 29 October 2022).

9 Fakten zu Pinguinen: Von der Artenvielfalt über das Paarungsverhalten bis hin zum Stuhlgang (2022). Available at: https://www.infranken.de/ueberregional/9-fakten-zu-pinguinen-von-der-artenvielfalt-ueber-das-paarungsverhalten-bis-hin-zum-stuhlgang-art-3139329 (Accessed: 6 November 2022).

Ehrentag der Pinguine: Kuriose Fakten über die Frackträger (2021). Available at: https://www.br.de/nachrichten/wissen/ehrentag-der-pinguine-kuriose-fakten-ueber-die-lfracktraeger,RFWESR7 (Accessed: 6 November 2022).

Über Pinguine und ihre ganz spezielle Gangart (2022). Available at: https://kapstadtmagazin.de/pinguin (Accessed: 6 November 2022).

Von Zwergpinguin bis Kaiserpinguin: Was Sie über PINGUINE schon immer wissen wollten | BR.de (2022). Available at: https://www.ardalpha.de/wissen/natur/tiere/artenschutz/pinguine-antarktis-arten-kaierpinguin-lebensraum-welttag-ehrentag-klimawandel-100.html (Accessed: 6 November 2022).

Wir hoffen du hast ein paar spannende Fakten über Pinguine gelernt!

Welcher war dein Favorit? Wir würden das gerne von dir in einer Bewertung erfahren.

Besuche uns auf www.bellanovabooks.com/books/deutsch für noch mehr großartige Bücher.

AUCH VON JENNY KELLETT

...und mehr!